Lb 49:589.

Prospectus.

Précis

Pour l'ex-Garde Nationale.

Prix : 75 centimes,

Dont 25 au profit des Tambours qui, par suite du licenciement, sont dans une situation pénible.

Cet écrit contient des détails historiques dont l'importance et l'exactitude exciteront, sans doute, la curiosité et l'intérêt de tous ceux qui ont fait partie de l'institution. On y a réfuté, d'une manière péremptoire, les nombreuses calomnies qui ont été déversées sur les légions parisiennes, et c'est, pour ainsi dire, la première pierre du monument qui sera élevé plus tard à la gloire et au patriotisme de ces braves légions.

Ce Précis devient par cela même un titre que MM. les ex-officiers, sous-officiers, grenadiers et chasseurs doivent, ce nous semble, désirer de conserver dans leurs familles.

Les gardes nationales des départements pourront y trouver le sujet de graves réflexions. Lorsque le Roi les verra, elles seront heureuses et fières, comme l'était toujours celle de Paris, de recevoir des marques de la satisfaction de Sa Majesté ; mais malheur à elles si, sur deux à trois cents cris d'amour et de respect, elles en font entendre un seul qui puisse troubler les jouissances ministérielles ! La colère de Leurs Excellences serait encore une fois de *l'énergie*, et, malgré leur dévouement, les provinces auraient aussi un 29 avril.... Telle est la justice distributive de M. de Villèle et compagnie !

IMPRIMERIE DE GUIRAUDET, RUE SAINT-HONORÉ, N° 315.

PRÉCIS

POUR

L'EX-GARDE NATIONALE,

CONTRE

LE SIEUR BENABEN

ET CONSORTS.

PRIX : 75 CENTIMES.

PARIS,

CHEZ LES MARCHANDS DE NOUVEAUTÉS.

—

1827.

AVERTISSEMENT.

Je ne lis jamais la Gazette de France. Ce qu'il y a de soporatif dans cette feuille ne peut convenir qu'aux personnes dont le sommeil est agité, et voilà sans doute pourquoi les ministres l'ont prise à leur solde.

Cependant le hasard m'a fait tomber sous la main, il y a quelques jours, trois numéros du gothique journal : ce sont ceux des 13 avril, 7 mai et 21 juin derniers; et aux risques d'augmenter l'ennui que j'éprouvais dans le moment, je me suis mis à les parcourir.

Dans l'un, j'ai vu des maximes tellement subversives de la Charte, tellement attentatoires aux droits des Chambres, que s'il n'a pas été dirigé de poursuites judiciaires contre l'auteur, il y a lieu de croire qu'un brevet d'impunité est attaché au titre d'*écrivain ministériel*.

Dans les deux autres, il y a, sur l'ex-garde nationale de Paris, de mensongères et méchantes assertions que je regrette de n'avoir pas connu plus tôt, car il y aurait eu, je le sens bien, plus d'opportunité à les réfuter lorsqu'elles ont paru.....
Mais l'indignation que j'en ai resssentie est encore si vive, que, même après une semaine d'hésitation, je ne puis résister au

desir de les combattre. Pour le faire d'une manière digne du corps estimable dans les rangs duquel je tiendrai toujours à honneur d'avoir servi comme grenadier pendant treize ans, j'ai pensé qu'il n'y avait simplement qu'à opposer aux dires du sieur Benaben les témoignages honorables qui ont été donnés aux légions parisiennes dans toutes les circonstances antérieures à la journée du 29 avril, et de là la détermination de publier ce précis....

J'ose espérer que mes anciens camarades apprécieront mes motifs, en reconnaissant qu'il n'est jamais trop tard de venger les braves gens des offenses dont ils ont à se plaindre.

Ce 30 août 1827.

PRÉCIS

POUR

L'EX-GARDE NATIONALE,

CONTRE

LE SIEUR BENABEN

ET CONSORTS.

Les ministres ont tué la garde nationale de Paris le 29 avril 1827, et depuis qu'elle n'existe plus, elle est calomniée par les journaux qu'ils soudoient. Il est des individus qui ne savent rien respecter, pas même les morts !....

C'est dans la vue de repousser les injures *officielles* auxquelles sont actuellement en butte les habitans de la Capitale que nous publions cet écrit. Si la forme sous laquelle il paraît a besoin d'indulgence, nous espérons du moins que la vérité, qui en constitue *uniquement le fond*, ne le fera pas juger indigne de l'intérêt des ex-gardes nationaux, à qui nous croyons devoir l'offrir, et comme un hommage, et comme une consolation.

La vieille Gazette de France était en possession de radoter depuis long-tems : à elle permis... les rabâchages sont un privilége de son âge....; mais à aucune époque elle n'avait montré autant d'impertinence et de mauvaise foi : on peut en juger par son numéro du 21 juin dernier.

Ce n'était pas assez pour le sieur Benaben de *l'opération* (1) *violente* et *brutale* (2) du 29 avril...: imitateur servile, il insulte la garde nationale, non d'une manière directe, il est vrai (parce que là du moins il y aurait une sorte de courage et de loyauté, et l'on sait que ce n'est pas le *modus faciendi* des écrivains à gages), mais par de fausses allégations, par des insinuations perfides, au fond desquelles il est impossible de ne pas trouver l'intention d'outrager les Parisiens.

La garde nationale *licenciée* ne tenait que par ses souvenirs à celle de 89.... Aurait-elle compté dans ses rangs des hommes qui auraient appartenu à cette dernière (et ils doivent être en bien petit nombre, s'il en existe), elle n'a point à les défendre d'avoir partagé l'opinion des gens sages qui appelaient alors de tous leurs vœux la réforme des abus sur tous les points de la France. Elle n'a point à les défendre non plus d'avoir organisé dans leur sein les nombreux bataillons qui, à la voix de Louis XVI, partirent en 91 pour les frontières

---

(1) Expression de M. de Villèle.
(2) Expressions des journaux non ministériels.

menacées ; et bien certainement ce n'était pas pour *empêcher des désordres au profit de la révolution* (1) que le 20 juin ils sont accourus au secours de la famille royale, qui dans ce moment était exposée aux plus violens outrages ; que le 10 août ils sont venus se ranger parmi les braves qui versaient leur sang pour la cause du roi dans cette terrible et déplorable journée (2).

A cette époque l'ancienne garde nationale cessa d'exister, car on ne doit pas la confondre avec les bandes de prolétaires par qui elle fut remplacée pendant la terreur.... Elle n'a plus reparu qu'au 9 *thermidor*, pour avoir sa part de gloire dans les efforts auxquels la France a dû l'anéantissement des monstres qui l'avaient couverte de prisons et d'échafauds..... Elle s'est aussi montrée au 13 *vendémiaire* (3), et en s'exposant alors à la mitraille de la convention devant le portail de Saint-Roch, ce n'était pas assurément *pour en faire profiter les intérêts révolutionnaires*..... Si, dix mois

---

(1) Expressions du sieur Benaben.

(2) Buonaparte, placé aux croisées d'une maison qui était située sur le Carrousel, et occupée par Fauvelet, beau-frère de Bourienne, qui y tenait un magasin de meubles, a vu la garde nationale se montrer pour le roi, lorsque le château se trouvait attaqué par la plus vile canaille. (Mémorial de Sainte-Hélène, par le comte de Las Cases. Samedi 3 août 1819.)

(3) MM. Lanjuinais, Boissy d'Anglas et deux autres députés furent dénoncés à la convention pour avoir appelé cette journée *un massacre*.

plus tard, Pichegru, secondé par son collègue Boissy d'Anglas, demanda avec tant d'instances sa réorganisation, il espérait sans doute en tirer parti pour prévenir la catastrophe du 18 fructidor, et faciliter par là même l'exécution du plan au sujet duquel il était en correspondance avec M. le prince de Condé. (1).

Il serait curieux de connaître aujourd'hui dans quels rangs se trouvait le sieur Benaben lors de ces divers événemens.

En 1809, lors du débarquement des Anglais à *Walcheren*, et au mois de mars 1814, lors de l'apparition des armées alliées sous les murs de la Capitale, la garde nationale se trouvant réorganisée, ceux que le journaliste *impartial* appelle des *bourgeois* (2) ont prouvé qu'ils savaient prendre les armes autrement que *pour faire la police de leurs maisons et de leurs boutiques, ou pour servir d'ornement aux pompes religieuses.* (3)

---

(1) L'influence de Pichegru aurait probablement déterminé le rappel des Bourbons à cette époque, si Augereau, à la tête de huit mille hommes, n'eût marché contre les deux conseils législatifs, et n'eût fait arrêter treize de leurs membres.

(2) Il faut que les mots *garde nationale* aient quelque chose de bien discordant aux oreilles du sieur Benaben, puisque, de son autorité privée, ou *par ordre ministériel*, il leur a substitué ceux de *garde bourgeoise*. Peut-être a-t-il voulu nous préparer à l'entendre parler plus tard du *tiers-état, de ces vilains, taillables et corvéables à merci.*

(3) Gazette de France du 21 juin dernier.

Ces mêmes armes, ils les ont fait briller dans mille autres circonstances au champ d'honneur, et il n'est pas douteux qu'*en mars* 1815 ils les eussent tournées contre Buonaparte, si le 16, lorsqu'ils furent passés en revue par S. A. R. Monsieur, ils eussent vu marcher à l'avant-garde les six compagnies des gardes-du-corps du roi (1), les deux compagnies des gardes de Monsieur (2), et les quatre compagnies rouges (3), lesquelles devaient former un effectif de quatre mille huit cents hommes de cavalerie. Oui, « exempte de
« toutes passions, étrangère à tous les calculs
« d'ambition et de cupidité, la garde nationale
« n'était rien moins que disposée en faveur de cet
« homme qui, brisant lui-même ses propres in-
« stitutions, exerçant le pouvoir le plus arbitraire
« et le plus absolu sous le simulacre d'un gou-
« vernement régulier, avait sacrifié la popula-
« tion, les richesses, l'industrie, le commerce de
« la France, au désir d'étendre sans limites sa do-
« mination. (4) »

Mais les douze compagnies, malgré le noble dévouement qui les animait, n'ont pas été diri-

---

(1) Compagnie d'Havré, de Grammont, de Noailles, de Luxembourg, de Wagram et de Raguse.

(2) Compagnie d'Escars et de Puységur.

(3) Deux de mousquetaires, une de gendarmes et une de chevau-légers.

(4) Ordre du jour du 7 mars 1815.

gées sur la route de Lyon. Quelle puissance paralysait donc leur courage?.... Certes elles auraient dû être complétement en état d'entrer en campagne en 1815, puisque dès 1814 on avait fait au ministère de la guerre les fonds nécessaires à leur armement, à leur équipement et à leur remonte. MM. les capitaines de ces compagnies doivent en être aussi bien instruits que nous (1).

Il est faux que *pendant les cent jours la garde nationale ait prêté main-forte à Buonaparte contre les royalistes* (2). Elle a au contraire réclamé avec énergie et persévérance ceux qui avaient été, comme tels, éliminés de ses rangs (3); et si quelquefois elle a couvert de son égide des individus que l'on persécutait à un autre titre, on ne peut en induire autre chose, sinon qu'elle avait en

---

(1) A peine le roi était-il sorti de la cour des Tuileries, dans la nuit du 19 mars, que, de nombreux gardes-du-corps témoignant leur impatience pour accompagner Sa Majesté, M. l'aide-major vicomte de Busseul leur dit *qu'il n'avait ni armes ni chevaux à leur donner*....

(2) Gazette déjà citée.

(3) Des officiers qui, pour cause de royalisme, n'avaient pas été compris dans la réorganisation ordonnée par Buonaparte, ont été rétablis sur les contrôles, et l'on doit cette justice au commandant en chef de cette époque, (le lieutenant-général comte Durosnel), qu'il a déféré aux représentations qui lui étaient faites à cet égard, avec une complaisance d'autant plus méritoire que sa position personnelle pouvait peut-être lui faire une loi d'agir autrement.

horreur tous les genres de proscriptions (1).
Union et oubli était la devise qu'elle avait toujours
désiré voir inscrire sur ses drapeaux, et ce ne sera
pas l'auguste héritier du trône qui lui fera un
crime de l'avoir adoptée, dans la persuasion qu'elle
était plus propre qu'aucune autre à concilier tous
les cœurs au roi. La garde nationale a constamment repoussé de ses cadres, et plus tard elle a
même désarmé les fédérés que Buonaparte avait
voulu lui aggréger.... Le café Montansier, au
Palais-Royal, et celui de la rue de Grenelle-Saint-
Honoré, ont été fermés par ses soins en juin 1815,
non sans peine et sans dangers; et voilà, en dépit
du sieur Benaben, comment elle *opérait au pro-*

---

(1) Combien n'a-t-on pas dû gémir, en effet, en voyant *des
comités inquisitoriaux* s'établir dans la garde nationale à la fin
de 1815, et faire succéder un odieux système de délation à
l'esprit sage, modéré et conciliant qui s'était fait remarquer
sous le commandement de M. le général Dessolles?... Il n'est
guère que les 1re et 5e légions qui aient échappé aux *épura-
tions*, grâces à l'énergique résistance de leurs colonels, MM.
le duc de Choiseul et le baron Ternaux. Encore, dans la 5e légion, un capitaine de grenadiers, toujours cité pour modèle
par tous ses camarades, et digne héritier d'une famille estimable dont les trois quarts périrent sur les échafauds de la
terreur, a-t-il été souvent inquiété par le grand-prévôt, *parce
que sa compagnie avait adopté des redingottes semblables à
celles de la garde impériale*. Cette circonstance rappelait assez bien, ce nous semble, l'anecdote de *la bouteille de vin
d'Espagne*, qui, ayant été aperçue sur la cheminée d'un par-
ticulier, le fit condamner à mort par le tribunal révolution-

fit dé l'usurpation.... (1). Partout elle a fait respecter les personnes et les propriétés.... Enfin il n'y avait qu'un écrivain ministériel, comme le sieur Benaben, capable de donner un démenti à nos princes. Comment en effet a-t-il osé dire que la garde nationale n'avait connu que le *gouvernement de fait* (2), lorsque, de l'aveu de Louis XVIII, « après avoir étouffé tous les germes de « discorde, elle a contribué à la restauration de « la monarchie et à la conclusion de la paix, et « lorsqu'elle a donné à la famille royale la consolation de n'être à sa rentrée, et pour sa garde, « environnée que de Français (3) » ?

Lorsqu'à la bénédiction des drapeaux, dont les cravates avaient été brodées par Madame la Dauphine, Son Exc. monseigneur le cardinal de Périgord a adressé le discours suivant à la garde nationale rassemblée au Champ-de-Mars, le 7 septembre 1814 :

« Messieurs,

« La cérémonie religieuse qui nous réunit en ce « jour au pied des saints autels nous rappelle des

---

naire, comme *ayant entretenu des intelligences avec l'étranger.*

(1—2) Même gazette.

(3) Ordre du jour du 5 août 1814. Indépendamment du service que la garde nationale faisait au château des Tuileries, et pour les escortes, elle envoyait tous les jours des détachemens d'infanterie et de cavalerie, dans la plus belle tenue, à

« souvenirs glorieux pour vous. Elle vous offre le
« témoignage le plus honorable de l'estime et de l'af
« fection de votre Roi. Elle est pour nous tous une
« garantie solennelle des plus heureuses espérances.

« Par votre courage et le bon esprit qui vous
« anime, vous avez contribué à arrêter les efforts
« d'une armée puissante, et à changer en alliés
« généreux des ennemis qui semblaient ne respirer
« que la vengeance.

« C'est à ce même esprit, ce même courage,
« que cette Capitale est principalement redevable
« de la paix et du bon ordre qui n'ont cessé de
« régner dans son enceinte.

« Comme les phalanges d'Israël, lorsque Dieu
« leur montra l'héritier pacifique du trône de
« David (1), vous vous êtes empressés de pro-
« clamer l'auguste nom de votre souverain légi-
« time, celui des princes de sa famille, et de con-
« courir au rétablisement de son trône.»

« Ce cri de *vive le Roi!* si cher au cœur des
« Français dans tous les âges de la monarchie, et
« depuis si long-tems comprimé par une odieuse
« tyrannie, s'est fait entendre au milieu de vos
« rangs, et, de bouche en bouche, s'est répété jus-
« qu'aux extrémités du royaume.

Saint-Cloud, pour la garde de S. A. R. Monsieur. Cette disposition a été exécutée pendant toute la durée de la convalescence du prince, du 16 juin au 1er août.

(1) Livre 3 des Rois, chap. 1.

« Vous avez mis votre gloire à entourer sa per-
« sonne sacrée, à veiller constamment à sa sûreté,
« à lui rendre tous les hommages du respect, de
« l'attachement, de la fidélité la plus inviolable.

« Témoin de tant de services signalés, de tant
« de zèle et de dévouement, le Roi s'est occupé,
« Messieurs, des moyens de vous en récompenser
« d'une manière digne de lui, digne de la noblesse
« et de la générosité de vos sentiments.

« Il n'a pas eu besoin, comme autrefois un sou-
« verain célèbre dans les annales de la religion (1),
« de demander ce qu'il pourrait faire pour ceux qu'il
« désirait honorer. Son cœur paternel, qui connaît
« si bien celui des Français, le lui a suggéré.

« Il veut qu'à l'anniversaire du jour à jamais
« mémorable de son entrée dans cette capitale, la
« garde nationale ait seule le privilége d'entourer
« et de garder sa personne; et il vous donne pour
« chef un autre lui-même, son auguste frère, qui,
« par la dignité de sa personne, par sa bonté, son
« affabilité; par ses manières nobles et simples,
« franches et loyales, commande et enlève le res-
« pect et l'admiration, l'amour et la confiance.

« Ces drapeaux, emblèmes de l'honneur et de la
« fidélité, destinés à réunir, sous les ordres de leur
« prince, tous les Français fidèles à leur devoir, fidè-
« les au trône des enfans de saint Louis et de Hen-
« ri IV, vous seront remis par ses mains royales.

---

(1) Livre d'Esther, chap. 6.

« Une princesse, objet de ses plus tendres affec-
« tions, sa plus douce consolation au milieu de ses
« épreuves, si grande et si intéressante dans ses pro-
« pres malheurs, si modeste et si bienfaisante au
« sein des grandeurs, miraculeusement conservée
« par le Ciel, comme un gage du retour des misé-
« ricordes divines sur la France, pour être, au mi-
« lieu d'elle, un exemple vivant de toutes les vertus
« chrétiennes, et faire son bonheur, y attachera les
« décorations qu'elle-même aura travaillées. »

« C'est par ces témoignages glorieux de son es-
« time et de sa confiance que votre roi veut vous
« honorer : *Sic honorabitur quemcumque volue-*
« *rit Rex honorare.*

« Ce n'était point assez pour satisfaire les mou-
« vemens de son cœur. Le Roi a voulu encore
« placer ces gages précieux de sa reconnaissance
« et de son amour sous les auspices de Dieu même,
« et les voir consacrer par la religion, afin d'attirer
« sur vous la bénédiction du Ciel..... »

Comment le sieur Benaben a-t-il pu se permettre
la moindre inculpation contre la garde nationale,
lorsque le Roi, « plein de confiance dans les sen-
« timens des légions parisiennes, a exprimé le
« désir que le poste du château des Tuileries fût
« augmenté de manière qu'on vît que Sa Majesté
« ne se trouvait nulle part plus en sûreté qu'au
« milieu des citoyens (1) » ?

───────────────────────────────

(1) Ordre du jour du 12 mars 1815.

Lorsque, « avec le dévouement, le calme et la
« prudence courageuse qui la caractérisaient si
« bien, la garde nationale a eu la gloire de préser-
« ver le roi et la patrie de ces discordes qui com-
« mencent les guerres civiles, en substituant à la
« vindicte publique, qui ne peut être exercée que
« par les tribunaux, et d'après les lois, la vindicte
« particulière, soupçonneuse et aveugle de l'esprit
« de parti (1) » ?

Lorsque l'immortel auteur de la Charte a daigné
dire à la garde nationale que, « sous le rapport
« du zèle et du dévouement, de la sagesse et de la
« discipline, elle s'était rendue digne d'être prise
« pour modèle par toutes les gardes nationales du
« royaume (2) » ?

Lorsque, « placée deux fois en présence de
« l'Europe, elle a su comprimer tous les malveil-
« lans (3) » ?

Lorsque Charles X, alors Monsieur, « s'est fé-
« licité d'être le chef d'un corps qui faisait à la fois
« la gloire et la sécurité de la nation, et qui, après
« de longs orages, donnait enfin à l'Europe étonnée
« le gage de sa tranquillité, dans le touchant spec-
« tacle d'un père gardé par ses enfans, d'un peu-
« ple armé pour repousser à jamais l'anarchie (4) » ?

---

(1) Ordre du jour du lendemain, 13.
(2) Ordre du jour du 18 juillet suivant.
(3) Ordre du jour du 29 août même année.
(4) Ordre du jour du 15 janvier 1816.

contribution aux charges de l'état, comme dans les fonctions de juré et d'électeur, on pouvait y voir l'égalité si justement consacrée par l'article 1er de la Charte, mais non le hideux nivellement de 93, avec lequel le sieur Benaben affecte de la confondre. Si cet esprit républicain avait existé, MM. les ducs de Fitz-James et de Crussol, aides-de-camp du Roi, auraient-ils figuré dans les rangs de la 1re légion, et auraient-ils été si flattés du titre de *grenadiers honoraires* qu'elle leur avait décerné ?

Des détails qui précédent on doit conclure que rien ne peut justifier ni la défiance qui a été témoignée à la garde nationale dans la journée du 29 avril, ni la mesure qui a été la suite de cette journée.

Si la revue devait amener des dangers, ne pouvait-on pas la contremander ?....

Si les dangers étaient imaginaires, tous les préparatifs ordonnés par l'autorité militaire étaient une précaution aussi ridicule qu'inutile ;.... ou le péril était devenu éminent après la revue, et dans ce cas ce n'était pas le *licenciement seul* de la garde nationale, qui, malgré l'assertion de M. de Villèle, *devait éviter que le pays fût exposé à de*

---

nationale, il était presque toujours fait des collectes dont le produit était versé dans la caisse des bureaux de charité, ou porté à domicile par des gardes nationaux désignés *ad hoc*. C'est en faisant ainsi le bien, c'est en cherchant à sécher les larmes de l'infortune, que *les bourgeois* de Paris se délassaient de leurs *fatigues militaires*, et ce sera sans doute un nouveau tort aux yeux du sieur Benaben.

nouvelles révolutions (1). La mesure était incomplète, et dès lors imprudente.

En effet, laisser des armes entre les mains d'hommes dont on a blessé l'amour-propre, qu'on a désorganisés, et auxquels on a enlevé les chefs qu'ils étaient habitués à respecter, c'était les exposer à recevoir toutes les impulsions de la malveillance, voire même celles des *agens provocateurs*.

Licencier trente mille hommes *sans les désarmer*, c'était, avec une population moins sage, montrer autant d'absurdité que de faiblesse......
Mais les Parisiens ont prouvé, par leur attitude calme depuis *leur dislocation*, combien peu ils méritaient les procédés dont on a usé à leur égard.

« L'Europe n'aura donc pu croire que la garde
« nationale, que ses armées ont vue si fidèle au
« trône et si dévouée à l'ordre, était devenue tout
« à coup rebelle et révolutionnaire. La France
« aura su que, si elle était menacée d'une révolu-
« tion, ce ne serait pas dans les rangs de cette
« garde qu'elle aurait été préparée. » (2)

Ah! sans doute la peine qu'ont ressentie les habitans de la Capitale a été vive, profonde; et ils seraient inconsolables s'ils ne se rappelaient que « les barrières que l'imprudence peut essayer de « jeter entre le monarque et ses sujets ne sont ja- « mais de longue durée (3) ». Toutefois ils se

---

(1) Séance de la Chambre des Députés, du 8 mai 1827.

(2-3) Discours de M. Agier, député des Deux-Sèvres, et colonel de la ci-devant 12e légion. (Séance du 9 mai.)

croient déjà vengés de l'affront ministériel depuis le jour où ils ont été si noblement défendus à la chambre des députés,... et depuis cet autre jour où « la chambre des pairs, se trouvant veuve de sa garde « civique, et ne voulant pas, par son silence, avoir « l'air de s'associer à la suppression désastreuse « de cette admirable garde parisienne, s'en est « affligée comme d'un malheur public » (1). Ils seront toujours fiers d'avoir appartenu « à un corps « illustre, dont la patrie garde le souvenir avec « gloire et douleur (2). » .... Ils ne cesseront jamais « d'entourer de leurs respects cet homme « de conscience et de vertu (3), ce loyal duc, « qui, en se retirant du ministère, a su honorer « encore (ce qui paraissait impossible) le beau et « national nom de La Rochefoucauld (4).

Plus justes que le sieur Benaben et ses amis, les souverains étrangers ont donné des marques positives de leur estime et de leur confiance à la garde nationale. Ils ont renoncé au *licenciement* qui avait été stipulé, on ne sait pourquoi, dans la convention, dès l'instant qu'en réponse à leurs

---

(1) Discours de M. le duc de Choiseul, pair de France et ancien major-général. (Séance du 19 juin.)

(2) Lettre du même, du 7 juillet. La *petite* et la *grande censure* ont à l'*unanimité* refusé l'insertion de cette lettre dans les journaux.

(3) Discours de M. le vicomte de Châteaubriand. (Séance de la chambre des pairs du 18 juin.)

(4) Discours sus-mentionné de M. le duc de Choiseul.

interpellations le chevalier Allent, chef d'état-major, qui s'était rendu à Bondy avec le corps municipal dans la nuit du 30 au 31 mars, leur eut dit qu'on devait compter sur les gardes nationaux « dans tout « ce que peuvent faire des gens d'honneur (1).

Au surplus, on peut juger de l'opinion que la garde nationale a donnée d'elle aux troupes alliées, pendant les deux occupations, par la correspondance de leurs généraux avec M. le général en chef Dessoles. Ces témoignages irrécusables, que nous regardons comme un devoir de citer (2), feront d'autant mieux ressortir tout ce qu'il y a de faux et de perfide dans les assertions du sieur Benaben.

La couronne avait incontestablement le droit

―――――

(1-2) Ordres du jour des 2 et 4 juin 1814, et 25 juillet 1815.
Lettre de M. le général russe Sacken.

Monsieur le général,

Au moment où mes fonctions de gouverneur cessent dans la ville de Paris, je ne puis m'empêcher de vous exprimer ma sensibilité pour les heureux rapports qui ont si intimement régné entre la garde nationale de cette capitale et les troupes alliées. Cette association des braves de la France avec les braves des autres nations de l'Europe deviendra un jour, pour la postérité, un objet d'admiration, comme elle sera pour les peuples actuels un lien durable d'estime et de bienveillance réciproques.

Votre sagesse, général, a si puissamment contribué à entretenir cette bonne harmonie, que je ne puis m'éloigner de Paris sans vous en offrir ma reconnaissance.

Agréez, etc., etc.

Le général en chef,
Signé, Sacken.

de faire cesser l'activité de la garde nationale ...; d'ailleurs les bons *bourgeois* n'auraient pas de-

---

Lettre de M. le général autrichien baron de Herzogenberg.

Excellence,

Aucune époque de ma carrière militaire n'a été si flatteuse pour moi que celle où j'ai eu l'honneur d'être en rapport de service avec messieurs de la garde nationale, et notamment avec ceux des 5e, 6e, 7e et 8e légions. Jamais ce souvenir agréable ne s'effacera de ma mémoire, non plus que l'aimable prévenance, la noble courtoisie et les procédés délicats dont ces messieurs ont bien voulu me donner tant de fois les preuves les moins équivoques. Aussi quitté-je cette belle capitale pénétré de l'estime la plus profonde et la mieux méritée pour un corps dont la composition vraiment unique, l'excellent esprit militaire, le patriotisme aussi chaud qu'éclairé, l'amour raisonné pour le meilleur des rois, ont si souvent excité mon admiration, mêlée d'un attendrissement dont je ne saurais et ne veux pas me défendre. De retour dans les états de l'empereur mon maître, je me ferai un bien agréable devoir, de rendre public l'éloge de la brave garde nationale parisienne. Si les mérites qu'elle a su s'acquérir envers l'état et le souverain sont au-dessus de toutes les louanges, du moins aurai-je rendu hommage aux vertus civiques et militaires qui la distinguent si éminemment, en la proposant pour modèle aux troupes que j'ai l'honneur de commander.

Le monarque que je sers ne pouvait récompenser mon dévouement sans bornes à son auguste personne d'une manière plus gracieuse pour moi qu'en me confiant un emploi temporaire dont les fonctions honorables me donnaient le droit de regarder comme mes frères d'armes les individus d'un corps illustre qui a rendu à la France des services vraiment incalculables, et qui s'enorgueillit de se voir confié aux soins vigilans

mandé mieux que d'être remerciés (1), et si plus tard les circonstances eussent nécessité qu'on les rappelât, le même zèle, la même exactitude les

---

et éclairés d'un des généraux les plus renommés de la France, si féconde en grands capitaines.

Je supplie votre excellence de faire connaître à messieurs de la garde nationale la faible expression des sentimens profonds d'estime qu'elle a si bien su m'inspirer, et du vif regret que j'éprouve de ne pouvoir jouir plus long-tems de l'honneur insigne de coopérer avec eux au grand but qu'ils se sont prescrit, et qu'ils ont si complètement atteint pour le bonheur général.

J'ai l'honneur d'être, etc.

Signé, baron HERZOGENBERG.

Lettre de M. le général prussien baron de Muffling.

Monsieur le comte :

Permettez que je vous témoigne toute la satisfaction que m'inspire la garde nationale que vous commandez. Il serait difficile de s'acquitter mieux de ses devoirs ; elle les remplit avec un zèle et une activité vraiment dignes de louanges. Hier surtout elle a semblé vouloir se surpasser, et je dois à la vérité de dire que son amour pour l'ordre et la tranquillité publique ne s'est jamais montré dans un plus beau jour. Je ne manquerai pas d'en rendre compte aux souverains alliés. En attendant je vous prie, monsieur le comte, de faire savoir à MM. les officiers et gardes nationaux l'estime que je leur porte.

Veuillez agréer, etc.

Le gouverneur de Paris,

Signé baron DE MUFFLING.

(1) Jamais la garde nationale n'a montré plus de zèle que dans les occasions où elle croyait être utile ; aussi n'attachait-

eussent encore distingués....... Mais les renvoyer brutalement, comme on l'a fait le 29 avril !...; renchérir ainsi sur de vieilles offenses qui étaient pour ainsi dire tombées dans l'oubli !... (2); payer d'ingratitude treize années de fidélité, de dévouement et de sacrifices !.... était-ce bien là compren-

---

elle aucune importance à son service depuis qu'il n'était plus nécessaire. La conservation du service d'honneur qui lui avait été *exclusivement et pour toujours* concédé le jour anniversaire de la rentrée du roi dans la capitale était désormais tout ce qu'elle pouvait ambitionner. Elle devait croire au surplus qu'on ne voulait plus l'employer, puisque l'hiver dernier elle n'a pu obtenir la permission de faire les patrouilles de nuit que réclamait la sûreté publique.

(2) Le 25 juin 1814 il y a eu infraction aux règles militaires et oubli de toutes les convenances, lorsque la garde nationale a été relevée dans les salles intérieures du château, où elle faisait *seule* le service depuis le 12 avril, et où la justice et la politique, meilleurs conseillers que de gothiques préjugés, voulaient peut-être qu'elle conservât un poste, quelque faible qu'il fût.

Le 9 juillet suivant, le roi avait ordonné qu'il serait réservé une place particulière dans la salle des maréchaux pour les grenadiers et les chasseurs, *afin qu'ils ne fussent pas confondus dans la foule, et que Sa Majesté pût avoir la satisfaction de les voir et de leur parler*....... Cette place a été supprimée.

Le 16 mars 1815, conformément aux intentions du roi, il avait été établi une parité parfaite entre MM. les gardes-du-corps et la garde nationale, pour le service intérieur de la Chambre des députés pendant la séance royale. On avait même poussé la déférence jusqu'à faire mettre deux gardes nationaux, l'un à droite et l'autre à gauche du trône, *pour faire*

dre les intentions du roi et les intérêts de la royauté ?.... Nous ne le croyons pas. Disons-le donc avec la même franchise !... L'acte du 29 avril n'a pu être considéré comme une mesure *d'ordre et de conciliation* que par le sieur Benaben et con-

---

le service de gardes de la manche; mais le 15 août même année, dans l'église de Notre-Dame, la garde nationale a été obligée de céder la droite aux cent Suisses, quoiqu'elle lui appartînt comme troupe *française, non soldée*, et *d'une plus ancienne création*..... A cette occasion la malveillance n'a pas manqué de rappeler l'adage : *Alia tempora alii mores*.

Le 2 juillet 1816, les deux factionnaires que la garde nationale avait conservés pendant le jour, l'un à la porte de la salle des maréchaux, et l'autre au milieu du grand escalier, d'après la *volonté expresse du Roi*, consignée dans les ordres du jour des 28 et 31 décembre 1815, ont été retirés, pour ne plus reparaître, *par la seule autorité du capitaine des cent Suisses*, lequel avait sans doute oublié qu'il était en même tems major-général des légions parisiennes.

Six mois après (le 29 décembre 1816), la garde nationale, qui devait *toujours* occuper le poste du pavillon Marsan, comme étant le plus rapproché du prince colonel-général, a été forcée d'évacuer ce poste, pour faire place aux Suisses. On lui a donné en échange un local que le voisinage des latrines rendait de plus en plus désagréable et malsain.

Le 4 novembre 1817, jour de l'inauguration de la statue d'Henri IV, et le lendemain, lors de l'ouverture des Chambres, les Suisses, encouragés sans doute par la préférence qu'ils avaient obtenue pour l'occupation du poste du pavillon Marsan, annoncèrent l'intention de border la haie DEVANT la garde nationale, qui, bien entendu, n'a pas souffert qu'on lui fît cet affront..........

sorts (1). Cet acte, qu'il ait été *conseillé* ou *provoqué* (2), n'est plus qu'une œuvre de colère et d'iniquité, qu'un mélange bizarre d'audace et de pusillanimité, qui n'a d'analogues que la présentation et le retrait de la loi *d'amour* et *de justice*. Ce n'est plus enfin « qu'une manœuvre ministérielle, dan-
« gereuse autant que déloyale, dont le résultat
« devait être de défendre momentanément M. de
« Villèle, aux risques et périls de la monarchie (3)».

Au reste rien ne doit surprendre dans les raisonnemens du sieur Benaben sur la garde nationale. Ne fait-il pas remarquer la même sagacité dans ses autres dissertations, notamment lorsqu'il prétend que la Chambre héréditaire et la Chambre élective ne sont que de *simples conseillers* (4), et qu'il leur enlève ainsi le droit qu'elles ont *d'exercer la puissance législative collectivement avec le Roi* (5)?

Tel était le délire des prétentions depuis quelque tems, qu'il est vraisemblable que le *capitaine des levrettes,* qui faisait autrefois partie de la maison du roi, eût aussi réclamé la préséance pour sa compagnie, si elle avait été *remise sur pied.*

(1) Gazette du 7 mai.

(2) Expressions de M. de Villèle.

(3) Première lettre à M. le comte de........ pair de France, page 4 ; chez Dentu, etc.

(4) Gazette du 15 avril.

(5) Article 15 de la Charte. L'absolutisme auquel rêve le sieur Benaben l'aveugle tellement, qu'en rédigeant l'article qui fait l'objet de notre observation il aura méconnu le danger

Ne montre-t-il pas le même talent, le même esprit de convenance et d'impartialité, quand il compare à de *honteux pamphlets sortis du bourbier* le dernier discours de M. le vicomte de Châteaubriand sur le budget (1)?

Elle est cependant peu éloignée de nous pour l'avoir oubliée, l'époque où le sieur Benaben, salarié moins grassement (2) pour professer des sentimens plus généreux, cette époque où il nous disait, en nous faisant remarquer ce passage d'un discours de M. le comte Beugnot : « Je me borne à copier ce

---

auquel il s'exposait, par suite de la déclaration royale du 16 mars 1815, dans laquelle on lit ce qui suit :

« Mettant notre confiance entière dans la Charte constitu-
« tionnelle, dans les deux Chambres, qui sont avec nous gar-
« diennes de la Charte, dans l'expérience de nos peuples
« éclairés par les phases diverses d'une longue révolution, dans
« l'honneur et la fidélité de l'armée et des gardes nationales,

« Nous voulons que la Charte constitutionnelle soit le signe
« d'alliance de tous les Français.

« Nous regarderons comme nous étant seuls affectionnés
« ceux qui déféreront à cette injonction.

« Nous regarderons comme un attentat à notre autorité, et
« comme un moyen de favoriser la rébellion, toute entreprise
« directe ou indirecte qui tendrait à ébranler la confiance des
« gardes nationales en la Charte constitutionnelle, ou à les
« diviser en factions par des distinctions que la Charte ré-
« prouve.

(1) Gazette du 21 juin.

(2) On assure qu'aujourd'hui son bon génie ne lui rapporte pas moins de 1,500 fr. par mois; le pauvre homme!....

« beau passage que tout le monde sait déjà par
« cœur (1).

« La méfiance, a dit un politique célèbre, est le
« défaut des petits esprits.....

« Le premier devoir, comme le premier soin de
« tous ceux qui aspirent à gouverner un pays, c'est
« de savoir discerner ce qui l'offense ou ce qui
« l'apaise, de voir où il a placé ses affections,
« ses penchans et son honneur. Et qu'il nous soit
« permis, appliquant ici une de ces lois saintes que
« le Tout-Puissant promulgue comme fondement
« de toute société humaine, d'en tirer à la fois une
« règle et une prophétie, et de dire à tout système
« politique : HONOREZ LA PATRIE, SI VOUS VOULEZ
« VIVRE LONGUEMENT ».

Si le sieur Benaben voulait admirer de nouveau
ces sages conseils et les reproduire, le moment nous
paraîtrait opportun......

Le journaliste ministériel était, ce nous semble,
plus favorable aux intérêts de *ce peuple* parmi
lequel il vivait alors, lorsqu'il s'exprimait ainsi :

« Conçoit-on M. Laisné de Villévêque ? Con-
« çoit-on la commission ? Nous sommes courbés
« sous le poids des impôts; les intérêts du com-
« merce reculent devant les besoins du fisc; nous
« sortons à peine d'une année de famine, et c'est
« dans une telle situation qu'on propose la création
« de 5 millions de rentes en faveur des émigrés !

---

(1) Minerve française.

« J'insiste sur ce mot de création ; car restituer une
« chose qui a péri, c'est créer......

« Ce peuple à qui des circonstances plus heu-
« reuses permettent enfin de manger du pain, fau-
« dra-t-il encore qu'il achète ce bienfait du climat
« et du sol?.....

« Parce que d'un mot le législateur peut émettre
« des rentes nouvelles, il lui semble qu'il crée en
« effet de nouvelles richesses; mais est-il donc be-
« soin de tant de calculs pour prouver qu'on ne fait
« que diminuer les richesses existantes ? Là où le
« nombre des créanciers augmente, le gage restant
« le même, il est nécessaire que la créance diminue
« de valeur. On se plaît dans ce mouvement de ro-
« tation; mais qui peut prévoir où il nous empor-
« tera ? »

Suivons le sieur Benaben :

« Veut-on la profession de foi de la MINERVE,
« s'écrie t-il ? elle est renfermée dans ce peu de mots
« d'un de ses plus illustres collaborateurs (1). Qu'on
« nous donne franchement la liberté, et par la li-
« berté j'entends l'exécution stricte et littérale de la
« charte.

« Il est des personnes qui semblent poursuivies
« par le fantôme de la république, comme Oreste
« par les furies; mais, ô bizarrerie de l'esprit hu-
« main ! ce fantôme qui les épouvante, ils le voient
« dans tout ce qui est bon et juste; et pourtant ils

---

(1) M. Benjamin Constant.

« aiment ce qui est bon et juste. La république leur
« fait horreur, et pourtant ils préfèrent, pour la
« garde du monarque, de certains républicains à
« des Français.

« .... Arrêtons-nous sur de plus consolantes
« espérances. Un bruit se répand qu'il doit être fait
« une proposition à la diète germanique, afin d'é-
« tablir la liberté de la presse dans toute l'Europe.
« Ou je m'abuse, ou c'est le meilleur moyen de pré-
« venir les révolutions. Songeons-y bien. Chaque
« fois qu'un gouvernement efface ou modifie un
« droit, il donne au peuple un témoignage de mé-
« fiance, et la méfiance n'engendre pas la con-
« fiance. Qu'il cesse donc enfin cet état de gêne et
« de soupçon, de précautions réciproques et de
« luttes sourdes; que la paix véritable renaisse avec
« des lois douces et libérales! Rentrons dans la
« nature et dans l'humanité!!!

« C'est une chose à noter dans l'histoire de nos
« mœurs, que cette lutte constante de la lumière et
« des ténèbres. Il y a une partie de la nation qui
« abhorre plus cordialement l'autre que jamais
« bon inquisiteur n'abhorra un hérétique.... Cette
« partie de la nation mettrait, si elle l'osait, à l'*in-*
« *dex* et nos cinq codes et la Charte même; il y a
« une petite partie de la nation toute caduque
« dans le rajeunissement de l'autre, toute du dou-
« zième siècle dans le milieu du dix-neuvième, etc. »

Nous nous abstenons de parler des CORRESPON-
« DANCES PRIVÉES *où le prince, aujourd'hui roi,*

« était chaque jour insulté par des écrivains qui
« sont maintenant les interprètes des doctrines
« du ministère (1) ».

Les tems sont bien changés!...... Qu'en pense le superbe Benaben?.... Puisqu'ils ont changé, ils peuvent changer encore; mais peu lui importe!.... sa plume n'est-elle pas toujours au plus offrant et dernier enchérisseur.

VERAX,

Avocat, ex-grenadier de l'ex 7ᵉ de l'ex-garde nationale parisienne, rue des Francs-Bourgeois.

---

(1) Brochure de M. le vicomte de Châteaubriand, intitulée : *Les Amis de la liberté de la presse.*

IMPRIMERIE DE GUIRAUDET
RUE SAINT-HONORÉ, N° 315.

www.ingramcontent.com/pod-product-compliance
Lightning Source LLC
Chambersburg PA
CBHW060910050426
42453CB00010B/1638